FAMÍLIA CRISTÃ: Reflexões Sobre a família de hoje!

MARCOS TADEU CARDOSO

FAMÍLIA CRISTÃ: Reflexões Sobre a Família de hoje!

Copyright © 2019 Marcos Tadeu Cardoso

ISBN:978-1511914338
ISBN-13: 978-1511914338

DEDICATÓRIA

Dedico esse livro a meu pai, o senhor José Afonso Soares de Jesus, cujas páginas ele não conseguirá ler, mas terá sua memória perpetuada nessa obra que me inspirou.

FAMÍLIA CRISTÃ: Reflexões Sobre a Família de hoje!

CARDOSO, Marcos Tadeu.
FAMILIA CRISTÃ: Reflexões Sobre a Família de hoje!– Montes Claros, Editora Amazon, 2020.
1. Família 2. Relacionamentos 3. Comunicação
ISBN: 9798601294607
Selo editorial: Independently published

SUMÁRIO

AGRADECIMENTOS

Por tanto que fui constantemente auxiliado e incentivado durante a composição desse trabalho, sei que minha tentativa de agradecer a todos que me ajudaram não será suficiente para expressar a profundidade de toda minha gratidão. Quaisquer erros que eventualmente tenham aparecido no livro são meus. Obrigado a todos.

Agradeço a Deus pela inspiração e capacidade, à minha esposa Glenda Stephany, minha mãe Abelicia Cardoso, irmãs Miriam C. e Adriana C., minha família, amigos, ao jornalista e editor chefe de Jornalismo da Record News Herodóto Barbeiro, Pastora Marília e PR Lucimario Nunes.

Sola gratia!

PREFÁCIO

Quando o casamento cai na rotina, ele acaba se desgastando. Nesse contexto, é preciso estar ALERTA, uma vez que, quanto maior for a rotina, em muitos casos, maior será a falta de diálogo e o desânimo, e serão cada vez menores os gestos de carinho, afeto, e até mesmo o entusiasmo com a relação.

O ser humano tem uma necessidade enorme de ser reconhecido e elogiado. Tal necessidade é até mesmo maior que a necessidade financeira.

Quando se está paquerando alguém, são muitas – e incontáveis - as motivações encontradas: suas qualidades, se tem cabelo grande ou pequeno, olhos pretos ou claros, se a pessoa é loira ou morena, se alta ou baixa, o olhar, andar, o falar, o agir etc.

No entanto, é necessário lembrar que são essas qualidades que motivam a paquera e a conquista, mas é necessário compreender, também, que as qualidades de cada um não acabam ou morrem, elas só aumentam. O que se acaba, na verdade, são os elogios a essas qualidades.

Prof. Marcos Tadeu Cardoso

Professor, historiador e escritor

FAMILIA CRISTÃ: Reflexões Sobre a família de hoje!

Quando o casamento cai na rotina, ele acaba se desgastando. Nesse contexto, é preciso estar ALERTA, uma vez que, quanto maior for a rotina, em muitos casos, maior será a falta de diálogo e o desânimo, e serão cada vez menores os gestos de carinho, afeto, e até mesmo o entusiasmo com a relação.

A busca por novas alternativas, eventos e atividades que acabam apimentando a relação podem ser alternativas que facilitam uma nova dinâmica entre um casal. Sobretudo, é necessário que se tenha e que se aplique a CRIATIVIDADE, uma vez que a "rotina é uma organização excessiva", que pode ser modificada através da alteração de alguns horários, ou até mesmo inserindo outras atividades que acabam entretendo o casal. Essa é uma boa forma de reorganizar essa rotina.

Agir mecanicamente em uma relação é o mesmo que

substituir o prazer pela simples forma de agir insipidamente sem "euforia". Tal atitude desgasta a relação, podendo até mesmo levar a um potencial divórcio.

Assim, o casal deve criar mecanismos, a fim de evitar que o diálogo diminua entre o casal. Afinal, se levar em consideração todo o tempo que a pessoa passa no trabalho, trânsito, escola/faculdade, igreja e outras atividades, é possível chegar à conclusão de que o casal, em virtude de sua rotina, acaba passando mais tempo com outras pessoas do que com o próprio familiar ou cônjuge.

Para complicar ainda mais a situação, no tempo que ambos têm para conversar, acabam assistindo televisão, ou se distraindo no computador ou celular/smartfone. Essas tecnologias são criadas para auxiliar e entreter, porém, acabam sendo usadas para afastar ainda mais o casal.

Entretanto, no pouco tempo que têm para estar juntos, deveriam tratar de projetos, orar, dialogar com os filhos e, sobretudo, compartilhar as novidades que surgiram ao longo do dia. Isso é criar afinidade entre o casal, que ficará cada vez mais próximo. Assim, os cônjuges devem ter como regra ter um momento diário separado para conversar e compartilhar entre si.

Na verdade, essa regra deve valer para toda a família, pois o pai/mãe que não tem tempo para ouvir e cuidar de seus filhos quando pequenos, na maioria dos casos, terão forçadamente que assisti-los na cadeia ou nos centros socioeducativos.

A IMPORTÂNCIA DA COMUNICAÇÃO: ELOGIOS!

A IMPORTÂNCIA DA COMUNICAÇÃO: ELOGIOS!

'Nunca conheci alguém que não merecesse um elogio'

O ser humano tem uma necessidade enorme de ser reconhecido e elogiado. Tal necessidade é até mesmo maior que a necessidade financeira.

Quando se está paquerando alguém, são muitas – e incontáveis - as motivações encontradas: suas qualidades, se tem cabelo grande ou pequeno, olhos pretos ou claros, se a pessoa é loira ou morena, se alta ou baixa, o olhar, andar, o falar, o agir etc.

No entanto, é necessário lembrar que são essas qualidades que motivam a paquera e a conquista, mas é necessário compreender, também, que as qualidades de cada um não acabam ou morrem, elas só aumentam. O que se acaba, na verdade, são os elogios a essas qualidades.

O casal poderia, por exemplo, trocar elogios recíprocos sobre uma comida diferente, afinal, aquela refeição demandou tempo e motivação da parte de quem preparou - o que demonstra que a pessoa buscou algo para se automotivar a ter essa atitude, e por isso merece ser reconhecida por meio de um elogio.

Não se trata de bajulação, que mais está associada a um "falso elogio". Neste caso, a pessoa pode estar vivenciando uma situação ridícula, cometendo um suicídio empresarial ou conjugal, mas o bajulador está ali, dizendo: "Que bonito! Siga em frente, você vai se dar bem!".

Portanto, a bajulação é ainda pior do que a falta de elogio, pois ela pode cegar a pessoa, conduzindo-a a um abismo. Assim sendo, é preciso tomar cuidado, tanto com a bajulação quanto com os bajuladores, pois eles sempre estão próximos de você, provocando cegueira, e enchendo o seu ego de falsos elogios, ainda que você esteja em um desfiladeiro.

FIDELIDADE CONJUGAL, COMO MANTER!

Fidelidade conjugal envolve um ato construído desde o namoro. É um processo que requer mais que intimidade, ele pede um amor gratuito, que não cobra, não exige, não é possessivo e não negocia nenhuma demonstração de sentimento.

Em um contexto mais amplo, ao menos no ponto de vista cristão, o cônjuge deve entender que seu casamento nasceu em Deus, já que o casamento foi a primeira instituição divina, sendo regulamentada pelo Estado, sob testemunho divino.

Quando alguém viola o casamento traindo seu cônjuge ou parceiro, ele comete mais do que um simples erro, ele rompe a aliança de amor e fidelidade feita sobre solo sagrado. Ser fiel ao cônjuge, portanto, é ser fiel ao próprio Deus.

Assim, não se pode romper a aliança conjugal por um simples

motivo, afinal, o casamento é indissolúvel, ou seja, não se pode anular o que foi sacramentado por Deus. Além de princípios sociais e legais, existem também os princípios religiosos que envolvem esse ato.

A manutenção da aliança conjugal envolve essencialmente a fidelidade do casal, uma vez que o casamento foi um ato espontâneo e consciente -livre de paixões, mas envolto de amor de consciência -, tomado livremente pelos dois. Assim, para manter esse ato, é necessário que haja uma atitude firme e serena, pois, em muitos casos, será necessário que o cônjuge saia de situações embaraçosas, situações essas que podem envolver seduções, tentações e outros momentos que podem terminar com a infidelidade conjugal.

Por isso, para permanecer-se fiel, é preciso atitude e uma total vigilância. Não se pode ficar próximo da traição ou da tentação, é preciso se afastar antes que a queda se torne inevitável.

O caminho de fidelidade é como um jardim que precisa ser regado e receber manutenção constantemente, precisa ainda ter uma vida saudável, livre da individualidade e superficialidade. É preciso agir em todos os lugares como se seu parceiro estivesse ali, seja no trabalho, na igreja, na rua, no carro etc. Através dessa atitude, se tornará muito mais fácil evitar certas situações que possam culminar com a infidelidade conjugal.

Quando se estiver longe do cônjuge, é comum fazer as comparações ou mesmo pensar nos seus defeitos, mas essas reflexões constantes acabam minando o relacionamento, proporcionando um enfraquecimento da relação. Mas saiba que comparar seu cônjuge com alguém que acabou de conhecer é, no mínimo, incoerente, afinal, você conhece todos os detalhes da pessoa que sempre esteve ao seu lado, e estará comparando-o com alguém com quem você não tem um mínimo de intimidade, desconhecendo totalmente seus defeitos.

Seu cônjuge chega cansado do trabalho, estressado de situações que vivenciou e que exigiu dele e acabou implicando em um desgaste físico e emocional enorme. Com isso, comparar com outra pessoa que você só vê em momentos de distrações, que esteja emocionalmente descarregado é extremamente incoerente. Não se pode desconsiderar que a maior parte das infidelidades conjugais inicia com momentos de descontração, com situações corriqueiras, que, muitas vezes, nem parece que darão fim a um casamento sólido e, até então, duradouro.

Situações de infidelidade acabam iniciando muitas vezes com um encontro casual no parque de diversões com os filhos brincando. Pode ser, ainda, com uma dúvida em uma loja, um bom dia em um lugar, uma conversa informal no trabalho, uma espera no hall de entrada de uma escola infantil, um passeio despretensioso no parque ou Shopping Center, um sorvete para amenizar o calor escaldante, enfim, são muitas as situações que ninguém reconhece o risco que está correndo. Estar atento, portanto, é o que tornará seu relacionamento à prova de tudo.

Sendo assim, não tenha medo de evitar ou fugir de situações que podem levar ao fim do relacionamento, resultado em filhos chorando, famílias destroçadas com essa possível infidelidade. É importante saber que, muitas vezes, dar um passo atrás pode significar dar muitos anos de passo à frente em um casamento saudável e exemplar para filhos, amigos e parentes, e honrando o compromisso feito no altar.

Quando observar que estiver fraco e próximo da infidelidade conjugal, não tenha medo de procurar a ajuda de um líder religioso que tenha um relacionamento saudável, um amigo de casamento exemplar, um psicólogo, um psicanalista, enfim, alguém que realmente tenha condições de ajudar. No entanto, não peça ajuda a quem não poderá realmente ajudar. Tenha dúvidas de quem fracassou no casamento e que não se deu bem no relacionamento, afinal, uma pessoa que não conseguiu se dar bem no próprio relacionamento, dificilmente conseguirá dar bons conselhos. Obviamente, toda regra tem sua exceção, porém, todo conselho deve passar pelo crivo da análise crítica. Assim, procure ajuda, ouça vários conselhos de quem realmente possa ajudar, afinal, "na multidão de conselhos se estabelece um bom projeto" (Pv 15:22).

Dedique momentos de intimidade com sua família, passeios, conversas, brincadeiras. Divirta-se com seu cônjuge, quanto mais próximos e íntimos vocês forem, mais longe estarão da infidelidade conjugal. Passe tempo com seus filhos, esposo, esposa, façam viagens juntos, façam passeios que não implicam em gastar dinheiro, mas que certamente aumentará o capital de intimidade e estabilidade conjugal entre você e sua família. Quanto menos tempo passar com sua família, mais próximo estará de perdê-la.

Outro ponto importante a ser observado é que seus filhos

não devem ter prioridade diante de seu cônjuge. Certamente eles merecem cuidado e atenção, mas à frente deles estão seu parceiro ou parceira. Além disso, tenha cuidado com as discussões na frente dos filhos ou de outros, ninguém precisa saber dos problemas íntimos do casal, sejam eles quais forem. Se os problemas são íntimos, eles devem continuar na intimidade, o casal precisa ter coisas íntimas que fiquem apenas entre eles, isso demonstra afinidade ou intimidade.

Nem tudo deve ser compartilhado, ou, mais que isso, nem tudo deve ser público. Algumas coisas devem ser mantidas na intimidade do casal, devem ficar reservadas, pois expor publicamente aquilo que deveria ficar na intimidade do casal acaba por enfraquecer o relacionamento conjugal.

Decisões que deveriam ser tomadas no íntimo excluem naturalmente outras pessoas, pois devem ser tomadas pelo casal, a não ser que decidam compartilhar e pedir ajuda a alguém. Caso contrário, devem manter-se leais um com o outro, e isso será o grande diferencial entre o casal que vai viver em fidelidade e aquele que terminará em um escritório advocatício, brigando pelos bens e assinando o fim do relacionamento.

Assim, em meio a toda uma análise religiosa e tradicionalista, não se pode deixar de lado as questões legais. A legislação do Código Civil de 2002, art. 1566, garante que, dentre os deveres dos cônjuges, são mencionados: uma assistência mútua, o sustento, a guarda e a educação dos filhos, respeito e consideração mútua. Além disso, o mais importante - e tema desse capítulo - é a fidelidade recíproca. Portanto, a lei foca e trata da importância da fidelidade conjugal, que acaba por envolver vida comum e a família de maneira geral.

A violação da fidelidade era antes tratada como infração penal. No entanto, mais do que uma violação penal, é um dever moral honrar seu cônjuge e os votos realizados no altar.

E A EDUCAÇÃO DOS FILHOS?

A vida saudável da família acaba por envolver a educação e convivência com os filhos: birras, choros, cuidados - tudo envolve uma lista enorme de disciplina e educação. E assim, ensinar acaba cobrando um grande preço e tempo da família, mais ainda dos pais.

Para ter uma vida familiar saudável e filhos que obedecem e respeitam seus pais, existem vários quesitos necessários que são de extrema importância. No entanto, um deles pode ser uma faca de dois gumes. É quando os pais discordam e brigam na frente dos filhos por causa de ensinamentos e correções disciplinares. Isso não pode ocorrer, afinal, quando um pai/mãe aplica uma disciplina e a criança vai para o outro chorando, recebendo dele o abono ou redução da correção, isso fará com que ele se acostume a isso, passando a enxergar, naquele pai ou mãe, uma fuga de responsabilidades. O resultado disso é uma criança que cresce irresponsável e indisciplinada, que não assume seus compromissos, consequentemente, não levando a vida a sério.

Entretanto, não atender a todos os pedidos dos filhos, ainda que os pais tenham condições, é extremamente saudável para o desenvolvimento do caráter da criança que, desde ainda pequena, tende a espernear, chorar ou dar as chamadas birras na tentativa de conseguir o que deseja. Se elas insistem com a birra e os pais, por motivos gerais, acabam cedendo, é como se estivessem premiando a birra. Na mente do filho, é como se toda vez que ele fizer birra, terá seu pedido atendido.

Assim, os pais precisam ser firmes, decididos e mostrar à criança que sua palavra tem peso e autoridade. Contudo, isso não quer dizer que os pais não devam atender a seus filhos. Havendo condições, diante de algum pedido, é importante que ele seja atendido. Mas, não havendo cessa possibilidade, os pais devem explicar-lhes o porquê.

Nem sempre a criança vai entender o que os pais falaram ou justificaram, mas isso não quer dizer que não se deve explicar; ter paciência e afeto é extremamente importante para na educação dos filhos. Os pais devem premiar a obediência com carinho e afeto, demonstrando, no entanto, que haverá punição ao violarem as regras.

Outro erro recorrente que não deve ser cometido é prometer uma punição para a desobediência e não cumpri-la. Isso é pior do que não prometer ou deixar sem corrigir; os filhos não podem ficar ouvindo promessas, sejam elas de benefícios, premiações ou punições, e não verem seus pais as cumprirem. Atitudes como essa conduzem a formação dos filhos para um caminho da falta de compromisso e de respeito, ignorando o valor da própria palavra.

Paralelo a isso, os pais acabam ficando sem autoridade, já que eles próprios acabam com essa autoridade que foi construída durante a formação de seus filhos.

Os pais devem tomar cuidado com a educação que dão aos seus filhos, e nem sempre o que se fala é o que eles aprendem. Até porque, como diz o ditado, o exemplo é o maior professor; não adianta os pais falarem uma coisa e demonstrarem outra. Não se pode reclamar dos filhos por estarem mentindo, se os próprios pais lhes pedem para dizer, ao telefone, que não estão no momento. Situações como essa acabam por confundir a formação das crianças.

Portanto, sempre que possível, converse com seus filhos, compartilhe suas histórias, sua infância, brinque com eles, alimente uma relação de intimidade e respeito, estabeleça laços de proximidade e afeto. Tudo isso construirá a personalidade de seu filho em um lugar firme e seguro, fazendo com que, no futuro, seja um adulto bem sucedido.

Os laços de personalidade são formados com base nos comportamentos dos pais. Independentemente de que tipo sejam os seus filhos, eles acabam copiando esses comportamentos que vivenciam em casa, e, assim, tanto os elogios quanto as repreensões acabam se fixando na memória. O comportamento dos pais, as manias, as atitudes positivas ou negativas, tudo isso é armazenado na memória da criança e, dessa forma, começa a reprodução de comportamentos. Assim, atritos entre os pais e filhos acabam por distanciá-los cada vez mais.

A comunicação tem uma grande importância na vida do ser humano, sobretudo, na vida dos filhos, e estabelecer essa comunicação de maneira eficaz é extremamente necessária. Quando se fala em comunicação, estou falando de ser compreendido, ou seja, o filho precisa compreender seus pais e seus pais precisam se fazer compreendidos. Assim, explicar os motivos de repreensões, detalhar como evitar certas situações que podem lhe causar mal, tudo isso só fará sentido se o filho entender e acreditar na mensagem que lhe foi transmitida.

Os pais podem falar que algo dá muito trabalho, ou falar sobre a falta de tempo para algo em específico, a comunicação precisa ser eficaz para que o filho compreenda que ser pai exige tempo, dinheiro e muita responsabilidade. Portanto, é preciso se dedicar muito a seus filhos, caso contrário, o mundo fará isso por você,e nem sempre o *feedback* será agradável quando vindo do mundo secular.

A verdade é que, a maioria das vezes em que os filhos chamam a atenção, violam as regras, ficam inquietos, agem como se estivessem sem limite nenhum, todo esse conjunto de ações ou expressões só demonstram que os filhos não se sentem amados. É isso mesmo, essa é uma das formas que eles acham para chamar a atenção dos pais, que nem sempre estão prestando atenção aos filhos.

18

COMO AGIR DIANTE DAS TECNOLOGIAS?

COMO AGIR DIANTE DAS TECNOLOGIAS?

Com novas ferramentas tecnológicas como tablets, celulares e televisores, o acesso ao mundo na palma da mão, mesmo estando no quarto ou numa sala de jantar, tem sido o vilão dos relacionamentos mais próximos e íntimos nas famílias.

Com uma sociedade cada vez mais "moderna", a dinâmica dos relacionamentos tem sido cada vez mais superficializados. Tudo isso superficializa e distancia cada vez mais a família, tornando-a mais frágil, vulnerável às mazelas e problemas sociais, bem como os problemas psicossomáticos, doenças físicas, depressões e, por fim, suicídios.

A televisão ligada e a família reunida em torno desse aparelho deveria ser uma cena para orgulho e símbolo de diálogo familiar. Mas a realidade não tem sido assim, muito pelo contrário. Esse cenário tem roubado o pouco tempo que as famílias têm tido para dialogar, tempo que antes era legado à família, trocar ideias, debater, aprender, estreitar os laços familiares, através de aparelhos que, mal administrados, têm sido altamente contraproducente.

Saber limitar um tempo, quando ou quais programas poderão assistir, isso acaba por definir a qualidade dos relacionamentos familiares. Tirar um tempo para a família, brincar, jogar, se distrair, são características de uma família sólida, que está preparada para os desafios e intempéries que a vida acaba por colocar. Agora, se, ao contrário, a família não tem intimidade e diálogo entre si, poderão descobrir certos problemas quando for tarde demais, quando não for mais possível evitá-los ou tratá-los.

As pessoas precisam aprender a aproveitar o tempo que possuem, viver cada momento como se fosse único. No momento em que estiver com os filhos, é preciso saber curti-los, quando estiver com a esposa, curta aquele momento, que as refeições sejam um momento entre a família.

Esqueça os recursos tecnológicos, celulares ou televisões. A cama deve ser um lugar para intimidade, a família deve aproveitar cada momento que tem para estar reunida, como se este fosse o único ou último. São esses detalhes que diferenciam uma família preparada para a vida e a que não está preparada para as adversidades.

A LINGUAGEM CORPORAL DOS CASAIS NA CAMA

LINGUAGEM CORPORAL DOS CASAIS NA CAMA

A maneira como um casal dorme pode ser considerada um termômetro da relação, já que, ao deitar na cama com o parceiro, a postura corporal revela o nível de interesse no outro. Contudo, é importante ressaltar que um sinal negativo em uma noite, não pode levar o casal à ruína.

O que sempre deve ser entendido em linguagem corporal é que o conjunto de gestos, seguidos em várias noites, é o que reforçará a ideia de vínculo ou afastamento entre o casal. Além disso, é preciso considerar que, quando se trata de linguagem corporal, na maioria das vezes, esta é conceituada como inconsciente.

Quando uma pessoa vai fazer a leitura corporal de um parceiro ou mesmo de um amigo, devem ser levados em consideração fatores emocionais e até mesmo climáticos. Isso se deve ao fato de que, se o casal estiver com calor, por exemplo, querer passar a noite abraçados seria algo desconfortável, que aumentaria ainda mais a sensação de calor. Ou mesmo quando um dos parceiros está triste por fatores adversos, isso pode interferir na relação do casal, o que resultaria em uma mudança na linguagem corporal dos parceiros.

Outros gestos devem ser percebidos na linguagem corporal, como: a postura das mãos, onde elas estão colocadas; a postura dos pés, para onde eles estão indicando; o sorriso, como ele é realizado, se é um sorriso forçado ou sincero; como é dado o abraço em encontros etc.

Tudo isso leva a uma compreensão do outro, e o entendimento dessa ciência leva você a potencializar suas chances nas relações interpessoais. Dessa forma, realizar uma leitura completa de todo o conjunto de gestos seria ideal para a satisfação do casal.

Assim, vamos conhecer alguns tipos de comportamento e suas linguagens.

Abraço tradicional e seguro:

Esse típico comportamento com um simples abraço ao ir dormir, é o mesmo que dizer: "completamos um ao outro", nos encaixamos, fomos feito um para o outro. É um sinal de segurança e afinidade entre o casal. Deve-se observar se os dois possuem a mesma postura corporal. A mão do homem levemente colocada sobre a mulher sinaliza que ele deseja contato, mas não força o mesmo.

Casal em lua de mel:

Por meio de um conjunto de gestos, o casal reforça a ideia de que está em lua de mel, quando demonstram que desejam ficar enroscadinhos ou mesmo que buscam um ao outro. O que reforça essa interpretação é o ato da mulher abraçar o homem com uma leve inclinação do queixo, como se quisesse uma maior aproximação do parceiro. A mão do homem puxando-a levemente, diante desse gesto da mulher, reforça a ideia de que ele também a quer por perto. Este é um típico abraço de lua de mel.

Estar ao lado é melhor:

Esse conjunto de gestos demonstra que a ligação ou mesmo a sintonia entre o casal é o melhor que desejam ou buscam, já que a posição dos dois pode demonstrar uma união segura e estável. Porém, se observarmos que a região abdominal está distanciada, de forma inconsciente isso demonstra falta de interesse sexual - pelo menos naquele momento. Outro indicativo de falta de interesse é a forma como se cobrem com o lençol, como se quisessem cobrir suas partes íntimas.

Casal fortemente unido e seguro:

Típico comportamento de união estável; a mão da mulher por sobre o peito do homem, ele a abraçando, cabeças juntas, demonstram aproximação e união. Essa postura pode indicar também um sinal de possessividade da mulher, quando, além de colocar a mão sobre o peito do homem, ela posiciona a perna na tentativa de reforçar a ideia de que o deseja. Já o homem, quando toca a mão no cotovelo da parceira e a prende com o braço direito, quer dizer que ela é dele. Esse é um sinal de que o casal é fortemente unido e íntimo.

Cuidado com a mão:

O corpo da mulher inclinado para o lado oposto do homem, acompanhado de uma leve inclinação da cabeça demonstra que ela deseja ficar em seu canto, ou seja, distante do parceiro. Já a mão do homem com inclinação do corpo para a mulher, acompanhado de uma inclinação da cabeça demonstra atenção para com ela.

Ao manter certa distância, isso pode retratar que ele,

mesmo estando ligado a ela, deseja certo distanciamento ou liberdade. Dependendo da posição da mão, tanto pode indicar que o homem quer aquela distância da mulher, como pode indicar que ele quer certificar-se de que ela está presente na cama – o que demonstra certo sinal de insegurança.

Disputa de espaço na cama:

É comum essa postura em regiões onde o calor é mais intenso, ou mesmo por outros fatores. Um dos indicativos óbvios de que o casal está disputando espaço na cama é a mão da mulher debaixo do homem, como se ela quisesse conquistar mais espaço. A firmeza com que ela se posiciona reforça a ideia de que "ela está ali e dali ninguém a tira".

Isso também é demonstrado pela forma como estão posicionadas as suas pernas: se abertas, ressalta o desejo por aquele ou mais espaço; já o homem, nessa posição, demonstra que está no seu espaço e não abre mão dele, isso é bem evidente quando ele pega no travesseiro, dobrando o cotovelo como se quisesse buscar ou manter esse espaço pessoal.

Mulher insegura:

Nessa posição a mulher demonstra que tem - ou busca ter a posse do homem. Quando o homem está em direção oposta, com uma leve inclinação oposta à da mulher, isso reforça a ideia de busca pelo seu espaço pessoal. Contudo, se o braço da mulher está imprimindo força para manter o homem, por mais que este demonstre querer espaço pessoal, ele aceita a busca da mulher quando "prende" o braço da parceira, ou seja, ele não é ciumento e nem inseguro. Por mais que se sinta incomodado, ele aceita essa postura da mulher.

Olha o "C" duplo:

Os bumbuns ligados dizem: "estamos próximos, mas cada um em seu espaço". Vínculo do casal que pode demonstrar tranquilidade, segurança.

Casal despenca ao abismo:

Se observar, verá que este é o oposto do que demonstra o "c" duplo. Quando existe o distanciamento do casal na cama, cada um de seu lado e em seu espaço, essa postura demonstra um aparente indicativo de "crise conjugal", caso o afastamento persista entre o casal.

Homem caranguejo:

Posição questionável, uma vez que a posição do homem aparenta uma noitada de farra: trocou de roupa e não conseguiu nem se deitar na cama; ou dormiu, estava cansado e nem conseguiu se deitar. Para a mulher também demonstra uma posição similar.

LINGUAGEM CORPORAL DOS BEBÊS

LINGUAGEM CORPORAL DOS BEBÊS

Quando se fala em linguagem corporal, pensamos em relacionamentos entre casais, no trabalho etc., mas um dos princípios dessa comunicação tem origem quando ainda bebê ou criança, chegando até à fase adulta. Compreender como os bebês se comunicam é um fator de pleno interesse, não somente para pais, mas, sobretudo, para a sociedade de maneira geral, uma vez que toda sociedade convive com esse princípio.

A linguagem corporal dos bebês é um fator evidente. A mesma leva os interessados a compreenderem ou identificarem os desejos, anseios e até mesmo as necessidades dos pequenos. Um dos elementos básicos da Linguagem Corporal dos Bebês é o espaço pessoal dos mesmos.

Se na vida adulta existe esse espaço, na vida do bebê também existe e, quando esse espaço é violado ou alterado, isso deve ser feito com o seu consentimento, uma vez que os bebês compreendem a comunicação dos adultos, como apontam recentes pesquisas.

Essa linguagem dos bebês pode ser realizada por meio dos murmúrios, choros e até mesmo através de um conjunto de gestos. Vale destacar que essa é a única forma de linguagem da criança em seus primeiros meses de vida. Em relação ao choro, deve-se lembrar que este é sempre uma solicitação ou pedido. Assim sendo, será destacado um conjunto de gestos do bebê, a fim de enriquecer ainda mais o conhecimento do leitor acerca da linguagem corporal dos pequenos.

Deve-se salientar ainda que, se na linguagem corporal de um adulto não pode haver generalizações, o mesmo ocorre quando se trata de bebês, uma vez que o conjunto de gestos é que enriquecerá a compreensão da linguagem realizada por eles. Como mencionado, até mesmo o espaço pessoal da criança deve ser respeitado.

Recordo-me de uma sobrinha que, quando pequena, toda vez que uma pessoa estranha se aproximava, ela chorava e virava o rosto, na tentativa de esconder-se dessa pessoa. Porém, esse conjunto de gestos não foi facilmente interpretado na época, o que só veio à tona quando a menina cresceu um pouco mais.

Nesse caso, o choro, seguido do ato de virar o rosto quando um estranho se aproxima, pode ser um indício de que a criança não se sente à vontade.

Quando a criança está cansada:

Em caso de cansaço, o bebê pode realizar a seguinte linguagem corporal: um bocejo e uma piscadinha. Caso a criança não seja colocada no berço ou em um algum lugar para se deitar, ele pode acabar inclinando as costas, começar a chutar e até mesmo bater os braços. Se o cansaço for intenso para o bebê, o mesmo pode realizar um conjunto de gestos autoagressivos, como, por exemplo, agarrar suas bochechas aranhando o próprio rosto. Outro possível gesto pode ser a ruborização de sua face.

O bebê está tendo gases ou dor:

Quando o bebê está tendo gases ou está sentindo dores, a linguagem corporal percebida pode ser encostar os seus joelhos no próprio queixo. Nesse caso, pode-se perceber certo contorcimento na fisionomia do bebê, em consequência da própria dor. Por fim, a língua do próprio bebê pode se enrolar para cima.

Quando o bebê está com fome:

Ao fazer a leitura corporal de uma pessoa, deve-se observar todo o conjunto de gestos, minimizando, assim, a chance de realizar uma leitura errada. No caso de fome do bebê, o que pode ser observado é que ele pode colocar a língua para o lado de fora da boca, na tentativa de umedecer os lábios. Esse gesto pode ser seguido do ato de girar a cabeça para os lados e da tentativa de colocar a mão na boca.

LINGUAGEM CORPORAL EM RELACIONAMENTOS

Linguagem Corporal em Relacionamentos

No primeiro livro que lancei, "A Linguagem Corporal em Relacionamentos e Paqueras", o tema era voltado para os relacionamentos contextualizados na paquera. Agora, neste livro atual, estarei abordando os relacionamentos em duas partes: na primeira, falarei sobre os relacionamentos em geral.

Na segunda parte, serão focados os relacionamentos em ambientes mais específicos: na oratória (relacionamentos entre orador e plateia), em vendas (relacionamento entre cliente e vendedor), no vínculo dos casais (direcionado em como os casais dormem), em entrevistas de emprego (posturas de como o entrevistador deve agir nesse momento), dentre outros relacionamentos e pesquisas informais que foram realizadas, a fim de dar uma maior substância ao mesmo.

Quando pensamos em como conviver bem com o nosso próximo, logo vem em mente que, para isso, é preciso mais que saber falar ou expressar-se bem, antes, é saber compreender a pessoa com quem nos relacionamos. Nesse contexto, dominar a linguagem corporal é também ter domínio de uma das maiores facetas da comunicação.

Para facilitar a compreensão do que de fato é a linguagem corporal é bom lembrar que, nos primórdios da comunicação, os gestos e as expressões fisionômicas dominavam a comunicação, já que a língua propriamente falada não era usada com tamanha habilidade como nos tempos atuais. Com a evolução da comunicação, as pessoas foram deixando de atentar para a comunicação corporal e começaram a direcionar a atenção para a comunicação falada. Assim, ter o domínio das técnicas aqui apresentadas só irá potencializar a capacidade de se relacionar bem com os demais, o que acaba por influenciar diretamente a capacidade persuasiva.

Olhando por esse foco, o primeiro passo é compreender a pessoa com quem conversamos: ouvi-la adequadamente e procurar ser entendido adequadamente. A verdade é que nem sempre ouvimos bem uma pessoa, mas, mesmo assim, falamos: "Sim, compreendo, prossiga". Nem sempre acreditamos em uma pessoa e, mesmo assim, falamos: "Sei que diz a verdade, eu confio em você". O que nem sempre as pessoas sabem é que, mesmo mentindo com as palavras, o corpo, por meio de gestos, fala a verdade.

Como descobrir isso é um dos pontos principais, não somente da sociedade, da mídia, mas, sobretudo, dos especialistas. Diante do conjunto de dados e pesquisas, o trabalho dá ao leitor subsídio, não somente para compreender a linguagem corporal, mas para saber se relacionar de maneira plena e integral. Assim sendo, a importância da compreensão da linguagem corporal é fato comprovado cientificamente, ou é apenas auto ajuda?

Para responder a essa pergunta, é importante fazer menção aos dados fornecidos no último livro. Assim, vale dizer que a linguagem corporal é reconhecida pelos pesquisadores da PNL (Programação Neurolinguística).

O mesmo grupo de pesquisadores afirma que 55% da comunicação humana é composta pela linguagem corporal, sendo que 38% representam o tom de voz e apenas 7% é o conteúdo da fala. Portanto, a compreensão da linguagem corporal se faz crucial.

Agora, para os que ainda têm dúvidas acerca de pesquisas científicas, vale mencionar o trabalho e pesquisa do antropólogo Ray Birdwhistel. Segundo suas pesquisas, o conteúdo da fala corresponde a 35% da comunicação, e mais de 65% da linguagem sendo não verbal.

Acrescento ainda a pesquisa realizada pela Consultoria Cardoso, cujo trabalho foi realizado por mim: em um grupo de pessoas consultadas, todas acreditavam que a linguagem corporal influenciaria nos relacionamentos, e para 50%, o conhecimento dessa linguagem é de suma importância.

Diante desses dados, compreendemos que o conhecimento da linguagem corporal não é somente importante, mas fundamental, já que corresponde à maior parte da comunicação.

Sabemos que o corpo comunica. Isso é fato, não podemos

questionar. A comunicação demonstra fielmente seu estado, seus sentimentos, seu vínculo, já que revela o instinto consciente, seja ele oculto ou não. Dessa forma, permite que os desejos localizados no recôndito da mente humana possam ser desvendados a quem possui os conhecimentos da linguagem corporal.

Por linguagem corporal deve-se compreender também a linguagem não verbal, outro nome comumente usado. É bem verdade que existem outras de suas vertentes, por isso nos direcionamos especificamente à linguagem corporal.

Sendo assim, daremos uma atenção especial neste livro para os gestos e movimentos corporais que compõem os relacionamentos específicos aqui abordados. Reafirmamos que o conhecimento dessas técnicas levará o leitor ao ápice da comunicação humana.

Não se pode deixar de lado a observação de que a compreensão da linguagem corporal deve ser aceita livre de ideias pré-concebidas, de estereótipos de quaisquer modelos que contribuam para uma formulação de conceitos errados. Deve-se salientar, ainda, que um gesto não deve ser interpretado isoladamente, pois seu significado pode ser compreendido incorretamente.

Então, para interpretar um gesto de forma coerente, uma das melhores formas é analisar o conjunto de gestos: analisar as mãos, mas também os pés; o olhar, o sorriso, a posição do corpo; o nível de interesse da pessoa. Já que tudo isso faz parte de um conjunto de linguagem (linguagem corporal), não se pode generalizar, pois até mesmo fatores climáticos podem influenciar na comunicação corporal.

Uma generalização pode levar o leitor à incompreensão do tema apresentado. O ideal é que ele esteja atento às dicas apresentadas no decorrer do trabalho e, quando interpretar uma comunicação corporal, observe todo o conjunto de gestos naquele instante. Atentando-se aos gestos anteriores facilitará a sua avaliação.

Vale lembrar que os sinais da linguagem corporal servem como indicativos e "pistas extras", e não como sinais únicos de personalidades e comunicação. Mesmo sabendo que o corpo revela o oculto da alma humana, devemos entender que estas pistas extras, aliadas às palavras, nos levarão à compreensão de uma comunicação completa (gestos e palavras).

Em linguagem corporal, é preciso compreender que, ao analisar uma pessoa coçando o nariz, por exemplo, esse gesto pode significar uma mentira, algo incompreendido ou mesmo uma insegurança. Mas também, pode significar um incômodo, como um mosquito que tenha assentado em seu nariz.

Assim, entender linguagem corporal é entender uma palavra junta com outra que, juntas, formam uma frase; caso você considere um gesto isolado, poderá correr o risco de distorcer a comunicação e entender algo de forma errada.

Portanto, tenha como objetivo uma análise apurada, detalhada, ligada a pormenores que, com certeza, levarão você a uma definição real e sólida. Outro ponto de grande importância a mencionar é que grande parte dos gestos são inconscientes, o que pode levar a certa descrença no princípio, mas, após uma compreensão mais apurada, o pesquisador observará a coerência da linguagem corporal. Isso após uma leitura fiel e minuciosa.

Entretanto, vale observar que alinguagem corporalmuda no que se refere aos gêneros. Quando se fizer necessário, faremos observações neste livro. É importante mencionar que em recentes estudos constatou-se que os sinais de linguagem corporal da mulher são identificáveis também no homem.

Durante esse trabalho houve o cuidado de colocar os termos técnicos em linguagem acessível, ciente de que um tema como este não é direcionado a um público restrito, mas, sobretudo, a um público diverso, que se interessa em compreender o seu filho, esposa, enfim, que se interessam em levar esse conhecimento a seu espaço, seja ele em casa ou no trabalho - neste caso, aplicando-o na análise ou apresentação de uma entrevista de emprego ou no contato com o cliente etc.

OS PÉS

OS PÉS

Olhar a posição dos pés deve ser um dos pontos principais, pois eles indicam onde está a principal atenção. Pode-se observar isso olhando para onde os pés estão apontando. Por exemplo, se os pés da pessoa estão apontando à sua direção enquanto você fala, isso quer dizer que ela está atenta ao que você está falando. No entanto, se a pessoa estiver com as pernas cruzadas, você deve estar atento para qual das pernas está por baixo, pois é esta que irá indicar a direção da atenção da pessoa.

Se durante uma conversa a pessoa fica batendo os pés, isso traduz a ideia de desconforto ou impaciência. Tente mudar de papo ou de atitude. Caso você mude de assunto e ela pare de bater os pés, tente prosseguir, pois ela deve estar gostando da conversa; mas se você mudou de assunto e seu interlocutor continua a bater os pés, é porque simplesmente não gostou do papo.

Pés voltados para dentro:

Esse sinal indica que a pessoa está voltada para dentro, ou está pouco à vontade, demonstra que nesse momento ela está mais introspectiva. A mudança de assunto (desde que o assunto seja de interessante dela) possibilitará uma postura mais receptiva.

O cruzar das pernas:

Pode significar um ponto negativo, podendo traduzir a ideia de que ela está fechada à conversa ou mesmo a você; de qualquer forma, vale lembrar que se ela está com as pernas cruzadas, você deve ficar atento aos outros gestos.

A forma de caminhar:

Você sabia que a forma de caminhar revela a personalidade de cada pessoa? Ciente disso percebe-se a necessidade de um aprofundamento nessa área de estudo, que irrefutavelmente é quase desconhecida. Mesmo para os pesquisadores da linguagem corporal ela passa, por inúmeras vezes, despercebida. Considero que sua compreensão é de fundamental importância, por isso o presente estudo foi apresentado no livro "A Linguagem Corporal em Relacionamentos e Paqueras", de minha autoria.

Passos curtos:

Esses, quando dados, demonstram uma pessoa sem muita novidade, raquítica e sem disposição para viver, ou uma pessoa que não possui muito o que fazer. São passos dados por quem anda em férias constantes.

Passo normal

Ou passo dado em tempo hábil. Esses são passos dados por pessoas que estão em plena maturidade, que possuem o conhecimento de que estão usando o tempo no momento certo.

Passos rápidos:

Realizados por pessoas que têm uma meta para alcançar, determinadas a realizar seus objetivos, demonstrando, assim, um pleno vigor físico.

MÃOS

MÃOS

As mãos possuem um enorme poder revelador, obviamente, acompanhado de outros gestos. Elas podem realmente dizer o que a alma anseia. Há quem diga que as mãos revelam os sentimentos, por isso devemos estar atentos à comunicação; um toque ou mesmo em um aperto de mão pode dizer muitas coisas, dentre elas, "não quero me envolver" – um aperto de mão fraco indica que a pessoa não quer envolvimento.

Há um determinado estudo que nos dá uma compreensão ainda maior sobre as mãos. Trata-se da quirognomonia, que foi apresentado integralmente no livro "A Linguagem Corporal em Relacionamentos e Paqueras". Na verdade, trata-se de um estudo detalhado do formato das mãos. Aprofundando-se nesse estudo, é possível adquirir conhecimentos que serão utilizados em um diálogo. Entretanto, é preciso enfatizar que essa é uma pseudociência, ou seja, uma ciência que não é reconhecida pela academia – embora seu conhecimento seja de fundamental importância devido à sua proximidade com resultados práticos.

Estar atento à linguagem corporal, em especial a das mãos, faz parte do diferencial do líder e do liderado; do fraco e do forte; do bem sucedido e do mal sucedido; na conquista ou em qualquer outra relação interpessoal.

Portanto, se ao conversar com uma pessoa você notar que ela agita demais as mãos, certamente você está diante de alguém ansioso ou nervoso. Nesse momento, esse é o estado emocional que mais se aproxima de seus sentimentos. Vale lembrar que se esse sinal ocorrer junto a outro gesto de extroversão, ele poderá indicar que a pessoa é extrovertida em excesso. Por outro lado, se os movimentos das mãos forem poucos ou quase inexistentes, nesse caso, a linguagem corporal pode querer dizer que a pessoa é madura, tranquila, alguém que possui um alto controle emocional.

Também existem as pessoas que sempre estão procurando algo para segurar. Essas são mais inseguras, nervosas, note que estão sempre segurando algo e fazendo movimentos repetitivos.

Já percebeu que existem pessoas que possuem a mania de afagarem almofadas ou ursinhos? Geralmente essas pessoas estão abertas a relacionamentos, por isso, esse é um sinal também de receptividade que deve ser considerado.

A mão no bolso

Serve para transmitir a ideia de que "algo está sendo escondido, tentem descobrir." Assim, mãos no bolso é um sinal que demonstra que a pessoa está escondendo suas emoções, ou seus sentimentos. Esconder as mãos denota um significado claro de não querer receber o que o outro está oferecendo; outro significado é uma possível demonstração de timidez. Então esteja atento a esse gesto corporal.

Mas as mãos no bolso também querem dizer que a pessoa é caseira, reservada, que opta por lugares que tenham poucas pessoas. Tentar algo para ela tirar as mãos do bolso - pedir para segurar algo por um instante, por exemplo – é uma atitude válida, desde que ela não perceba que você está tentando algo que a deixará desconfortável.

Recordo-me de um escritor que costumava falar em seus escritos que as mãos são o retrato da alma. Creio que ele falava a verdade.

Mexer nos cabelos:

Esse gesto está associado à aceitação do outro. Geralmente as pessoas se arrumam para quem elas acham atraentes. Entendemos que o ato de mexer nos cabelos está relacionado à conquista, ainda que aleguem a "desculpa de calor". O ato de deixar o pescoço à mostra é um gesto bastante positivo no que se refere à conquista. Quando uma mulher usa estes gestos, está demonstrando sinais de receptividade ou que está pontuando positivamente o sexo oposto.

Dica: a compreensão da linguagem corporal é vasta, quase imensurável, entretanto, é preciso ter como ponto de reflexão constante que ela não é apenas uma linguagem consciente, mas, sobretudo inconsciente.

Mãos abertas:

As mãos espalmadas, uma para a outra, demonstra ser um gesto ligado à sinceridade ou transparência, um gesto inconsciente que quando usado nos leva a ter a intuição de que á algo errado. A mão revela se a pessoa está ou não aceitando o que você está dizendo ou oferecendo, eis um referencial: quando você oferecer algo para a pessoa, ela deverá **estender a mão** para aceitar, logo, estender a mão (receptor) de forma consciente ou não é uma forma de aceitar o que a pessoa (emissor) está oferecendo.

Se ao conversar com uma pessoa ela **tocar em você**, existem grandes chances de que está querendo estabelecer vínculo. Em hipnologia costuma-se dizer que, ao tocar uma pessoa em um diálogo, você está a impedindo pensar. Faça um teste, toque uma pessoa quando estiver falando, você perceberá que ela ficará mais atenta ao que você está dizendo.

Se as mãos estiverem **coçando a cabeça** com o dedo (principalmente a testa), pode significar que a pessoa está com dúvidas, talvez decorrente de algo que você esteja dizendo. Vale perguntar se ela está entendendo. Caso diga que não, explique. Se disser que sim, seja mais claro ao falar.

Mãos na boca

Dão uma noção de que a pessoa está espantada, ou escondendo algo que desejava dizer. Este é também um gesto associado à mentira, por isso não é bom usá-lo. Está revestido de significados negativos, seu uso pode levar as pessoas a desacreditarem no que você está dizendo, de forma consciente ou não.

Quando você for mostrar um produto ou algo para uma pessoa em seu local de trabalho, **nunca aponte com o dedo indicador** (salvo se tiver necessidade de mostrar autoridade). O mais indicado é mostrar o produto com a palma da mão virada para cima, pois, assim demonstrará um sinal de amistosidade.

Aperto de mão,

Como decifrá-lo e aplicá-lo de forma positiva? Eis uma regra: quando apertar a mão de uma pessoa, nunca coloque uma força superior a que ele colocou. Isso porque, se você colocar uma força superior à dele, poderá levá-lo a entender (conscientemente ou não) que você quer dominá-lo (de forma consciente você pode levá-lo a um desconforto; de forma inconsciente, pode levá-lo a um sentimento negativo associado à sua pessoa).

Um **aperto de mão forte** diz: "Sou superior!" Um aperto de mão fraco diz: "Sou tímido!", "Não desejo me envolver!" ou "Estou me sentindo fraco!" Já um aperto com força igual demonstra igualdade. A grande maioria das pessoas gosta daqueles que compartilham os mesmos desejos, por isso, esse é o tipo de aperto de mão que traduz a mensagem "Sou igual a você!".

O aperto de mão deve ser acompanhado de um olhar nos olhos (olhar doce), um sorriso e uma leve inclinação para frente, como se o seu interesse estivesse à sua frente (a pessoa que você está cumprimentando). Este é o verdadeiro cumprimento do grande conquistador.

Mãos cruzadas (braços cruzados):

Esse é um principal ato que não deve ser feito em lugar nenhum, salvo aquele lugar que você realmente queira demonstrar falta de interesse ou satisfação. Este gesto leva a um declínio leve na captação de mensagens e geralmente quem o usa não consegue lembrar-se muito bem de palestras e estudos. Quer aprender bem suas aulas? Não cruze os braços, pois dificultará sua aprendizagem.

Este gesto traduz a ideia de falta de interesse. Quando uma pessoa o utiliza em um diálogo, ela geralmente não está tão interessada na conversa. Nesse caso, o ideal é mudar de assunto.

Mãos no queixo:

Esse é um sinal ligado ao ato de pensar. Não há quem não se lembre da escultura em que um homem está voltado para si mesmo com a mão no queixo. Esta é a representação do ato de pensar. Então se, por exemplo, você está com um empresário lhe propondo ideias e este estiver com as mãos no queixo, lembre-se de que é um sinal de que ele está analisando suas propostas.

Vale ressaltar que esse gesto pode estar associado a uma forma de enfatizar ou de reforçar o interesse que a pessoa tem. Mãos apoiando a cabeça: uma forma simples de distingui-lo de outro gesto é que ele virá acompanhado de outro gesto, ou melhor, de outro sinal de interesse associado a ele. Esse será o fato chave.

<u>*Mão servindo de apoio para o queixo*</u>:

Traduz a ideia de que a conversa está cansativa. Este é um sinal percebido quando a mão serve de apoio para a cabeça, tendo como base de apoio o queixo. Quem o utiliza pode estar com sono ou estar de forma consciente ou inconsciente transmitindo a ideia de que o papo está enfadonho, cansativo. O ideal é mudar de assunto observando se a posição foi mudada. Caso isso não ocorra, o ideal é que você tente conversar outro dia.

<u>*Mão na boca*</u>:

Remete ao significado de mentira; geralmente as crianças quando mentem levam a mão na boca como se quisesse esconder algo. Trata-se de um gesto associado à mentira e à dúvida.

Volto a lembrá-lo que um gesto não deve ser interpretado isoladamente, para que não haja equívocos na compreensão de seu significado. Então, para que se tenha coerência na interpretação, deve-se analisar o conjunto de gestos. Analisar as mãos, mas também os pés, o olhar, o sorriso, a posição do corpo, todos os gestos e micro gestos, pois todos eles fazem parte da linguagem corporal.

SORRISOS

Sorrisos

Sorrisos, quem nunca deu ou nunca viu? Na verdade esse é um gesto que nos leva a entender quem realmente está feliz, satisfeito ou alegre. Então, como entender infinidade de sorrisos que são dados? Para decifrar esses sorrisos, deve-se, primeiramente, compreender uma regra sobre eles: apesar de serem bastante parecidos, eles não são todos iguais.

Como a maioria das pessoas pensa, geralmente eles possuem sempre um diferencial de estado emocional para estado emocional. Às vezes são diferenças quase imperceptíveis.

Sorrir para os clientes aumenta sua capacidade de influência, porque, ao rir, você destrava o campo de defesa deles, facilitando seu poder de persuasão. Logo, suas vendas serão potencializadas, já que seu poder de influência está elevado.

É perceptível que as pessoas que sorriem mais vivem suas vidas livres de estresse e, ao sorrirem, reforçam seu sistema imunológico, dificultando a probabilidade de adquirirem doenças. Pesquisas realizadas a partir da década de 80 levaram os médicos a crerem que o humor aumenta a longevidade das pessoas.

Sorrisos naturais:

Uma das características desse sorriso é que, quando ele é dado, surgem umas ruguinhas ao redor dos olhos, a parte central da boca é curvada para baixo, e os cantos da boca sobem, como se estivessem sendo curvados para cima. Esse é o sorriso sincero.

Sorriso artificial (ou sorriso de político):

Esse é o típico sorriso dado em véspera de eleição. A maioria das pessoas que o recebem, são pessoas que se julgam importantes e, por isso, não relevam a artificialidade desse sorriso. É aquele sorriso reto, os cantos da boca são esticados para os lados. É aquele em que há apenas o movimento da boca.

Sorriso dos lábios comprimidos

Esse é o típico sorriso dado por aqueles que desejam prender o riso (riso de deboche). Também conhecido como o "sorriso maldade". É aquele em que a pessoa, quando vai dá-lo, comprime os lábios fortemente, chegando até a ficar os cantos da boca elevados para cima, de forma quase que imperceptível.

Sorriso sincero:

Ao conhecer uma pessoa, uma das primeiras coisas a fazer é olhar para seus olhos e soltar um sorriso espetacular ou bem sincero; este é aquele tipo 'que os olhos diminuem de tamanho (aparentemente), os cantos dos lábios inclinam para cima e o centro fica como se estivesse para baixo'. Este é o melhor sorriso a ser dado.

56

OLHOS

Olhos

Há quem diga que os olhos são o espelho da alma. Acreditando nisso, quero aqui enfatizar que o olhar diz muitas coisas. Se a pessoa não olha para nossos olhos quando está afirmando algo é porque está mentindo. Essa é uma das mais corriqueiras interpretações relacionada aos olhos.

Ao descrever sobre a importância da leitura dos olhos, lembro-me do que Emerson dizia: "Os olhos conversam tanto quanto a língua que utilizamos, com a vantagem de que o dialeto ocular, embora não precise de dicionário, é entendido no mundo todo".

Em uma cultura como a latino-americana,o olhar é de fundamental importância. Entende-se que quando uma pessoa não olha em seus olhos, ela geralmente não está interessada em você ou no assunto. É preciso que se olhe nos olhos quando se conversa. A média de permanência do olhar deve ser de aproximadamente 55% a 70% (do tempo de conversa). Isso demonstrará certo interesse.

Uma curiosidade com relação a isso é que, ao olhar uma pessoa, consciente ou inconscientemente, tirar o olhar primeiro representa um sinal de demonstração de submissão, ou seja, olha por um maior tempo quem é, momentânea ou permanentemente, o que demonstra mais confiança na conversa. Manter o olhar nos olhos de uma mulher por mais tempo é sinal de "força".

Olhar retilíneo (ou olhar fixo):

Demonstra o objetivo que a pessoa tem se, ao olhar, ela manter um olhar retilíneo (fixo) em direção a uma pessoa. Dessa forma ela está demonstrando certo interesse.

"Rabo de olho", ou olhar de soslaio:

É um olhar que ocorre mesmo que reduzido, mas o corpo não acompanha para se projetar para onde lhe chama a atenção. Esse olhar indica medo, receio ou mesmo desconfiança de quem se aproxima.

Olhos brilhantes:

São indicativos de paixão, alegria e encanto.

Olhos semiabertos:

Denota raiva, dúvida. Caso perceba esse olhar, mantenha dúvida por um instante e tente naturalmente reverter isso a seu favor.

Três olhares:

Os olhos possuem a capacidade de transmitir a noção de interesse e sinceridade. Entende-se que, quando uma mulher está interessada em um homem, ela geralmente olha para ele três vezes. Isso porque o primeiro olhar é de noção de presença, o segundo, de reconhecimento e o terceiro já pertence à escala de interesse.

O olhar e a primeira impressão:

Creio que quase todas as pessoas já ouviram falar que "a primeira impressão é a que fica", mas, raramente, tentaram entender quando ela é formada. Pesquisando sobre o assunto, pude notar que a primeira impressão é formada nos primeiros três segundos.

Então é importante saber disso para que você possa formular uma boa primeira impressão. Afinal, uma boa primeira impressão você só pode demonstrar uma única vez, depois, você só poderá tentar melhorar o conceito que as pessoas formularam a seu respeito, o que realmente é muito mais difícil.

"Olhar de baixo para cima":

Este é o típico olhar de submissão. Quando dado pela mulher; percebe-se que ela geralmente vai abaixar a cabeça e vai olhá-lo como se estivesse envergonhada.

Há também o "olhar de cima para baixo", com um significado reprovador. Esse é aquele em que a pessoa olha de cima para baixo e, após olhar, ela dá uma balançada na cabeça para as laterais (como se estivesse dando um não), às vezes completando com uma expiração (como se estivesse lançando algo para fora).

CORPO

Corpo

Inclinação do corpo:

A inclinação do corpo diz muito a respeito da atenção da pessoa. Quando você conversa com uma pessoa e ela se inclina em sua direção (para frente), ela demonstra estar atenta à conversa, mas, se ao invés disso, ela se inclinar para traz, estará demonstrando desinteresse.

Inclinação da cabeça:

A inclinação da cabeça de uma pessoa para a outra demonstra interesse. Deve-se entender que esse interesse pode ser relacionado ao assunto ou mesmo à própria pessoa.

Inclinação do peito

Essa inclinação do peito também indica um estado emocional. Um gesto mais clássico é a elevação do tórax.

Tórax elevado

Acima do normal indica um sentimento de superioridade, ou mesmo de arrogância; é acompanhado de uma leve inclinação do nariz.

Tórax em tamanho normal

Indica igualdade, transmite a mensagem: "Sou igual a você".

Tórax recolhido

O tórax encolhido ou murcho indica falta de energia, timidez e submissão, revelando uma pessoa facilmente dominável.

REFERÊNCIAS BIBLIOGRÁFICAS

F. Rosana. **Como vocês dormem?** <http://msn.bolsademulher.com/familia/como-voces-dormem-66162-2.html> acesso em: 06 de fevereiro de 2011.

CARDOSO, Marcos Tadeu. **Linguagem Corporal.** Disponível em: <http://marcostadeucardoso.blogspot.com/> acesso em: 11 julho 2008.

GOLDENBERG, Mirian. **Entenda o significado das posições do casal a cama.**<http://www1.folha.uol.com.br/equilibrioesaude/831403-entenda-o-significado-das-posicoes-do-casal-na-cama.shtml> acesso em: 06 de fevereiro de 2011.

GOLEMAN, Daniel, (1997). **Inteligência Emocional.**n.a.,Temas e Debates. Disponível em: http://repositorioaberto.univ-ab.pt/bitstream/10400.2/1529/1/Diserta%C3%A7%C3%A

3o%20Maria%20Jo%C3%A3o%20Rosa%20Silva.pdf. Acesso em 19 de maio de 2011.

MARTINEAUD, Sophie; ENGELHART, Dominique. **Teste a Sua Inteligência Emocional.** 4. ed. Rio de Janeiro: EdiouroPublicações Ltda., 1997.

MEHRABIAN, Albert. **Inference of attitudes from noverbal communication in two channels.**The Journal of CounsellingPsychology vol. 31, 1967, pp. 248-52.

MOLCHO, Samy. **Körpersprache der Kinder.**Munique: [s.l.], 2005.

RICHARDSON, Linda. **The Sales Success Handbook.**Rio de Janeiro: Editora Sextante, 2006.

SCHELLES, Suraia. **A IMPORTÂNCIA DA LINGUAGEM NÃO-VERBAL NAS RELAÇÕES DE LIDERANÇA NAS ORGANIZAÇÕES.** Rio de Janeiro: Revista Esfera, 2008.

CONTATO COM AUTOR

Marcos Tadeu Cardoso

Prof. Historiador e escritor

marcostcj@yahoo.com.br

http://www.marcostadeucardoso.blogspot.com

MARCOS TADEU CARDOSO

Historiador, professor, escritor, foi presidente do Centro Acadêmico do Curso de Ciências da Religião (UNIMONTES), coordenador de projetos culturais pela Lei Rouanet via Ministério da Cultura. Atualmente trabalha ministrando aulas e palestras pelo Brasil, despontando com pesquisas de Linguagem Corporal, relacionamento, comportamento humano e religião.

Trabalhou com rádio por dez anos. Já lecionou na rede pública e privada de ensino (Senac, Colégio Presbiteriano, Minas Currículos, Qualificar, dentre outros) e ministrou oratória para acadêmicos de direito e pregadores. Já lançou vários livros, possuindo vários blogs e sites.

Autor de projetos culturais no Ministério da Cultura e em parcerias com cidades de todo o Brasil.

Formando em História, Teologia e com pós-graduação em Ensino Religioso, Docência do Ensino Superior, chegou a cursar mestrado na Espanha (UNIJAÉN) e disciplina Isolada de História na Unimontes.

E-mail:marcostcj@yahoo.com.br
Whatsapp: xx55 (38) 9975-5950